手电筒看里面科普透视绘本

地球

[英]卡伦·布朗/著　　[英]韦斯利·罗宾斯/绘

朱雯霏/译

中信出版集团｜北京

我们生活的这个世界就在地球上。

遨游冰天雪地的极地，

潜入深不可测的海底，

探索热带雨林和沙漠，

去发现我们美丽星球上的壮丽奇观。

用手电筒从彩图背面照一照，

或者把书页掀起来，将黑白的一面对着光，

看看每一处的风景里都藏着什么。

这是一个充满惊喜的世界，快来探索吧！

太空中这个炽热的火球是什么？

是太阳吗？

不，它呈现的是地球内部的样子！

地球内部温度很高。

但我们生活在地球表面，这里要凉快得多。

太阳是一颗恒星，它给地球带来了光和热。

黎明时分，太阳在天空中升起。

你能看到整个太阳吗？

太阳在空中越升越高，天也越来越亮，
黑夜渐渐变成了白天。

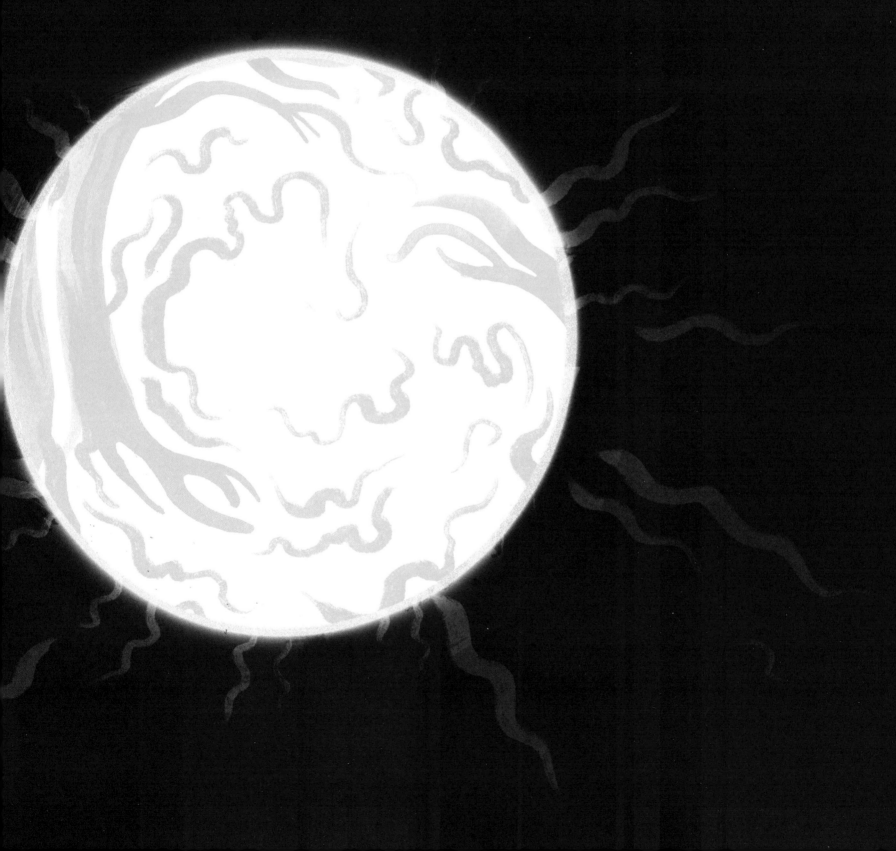

地球表面高高突起的地方称为山峰。

在高度很高的山上，气温很低，还经常下雪。

你能看到一座很高很高的山吗？

它在这儿！

几个徒步旅行者正在登山。

他们必须小心行走，因为山坡十分陡峭。

火山也是山，

但它会喷发。

从火山口里喷出来的是什么？

是熔岩！熔岩就是高温岩浆，
它来自地下，炽热无比。

火山喷发时，
熔岩沿着火山内部的裂缝喷涌而出。

噗！

河流通常会从陆地流向海洋。

河里的水有多种来源，比如雨水、雪水、地下水等。

悬崖前方是什么在哗哗作响？

是一道瀑布。

河水从高高的悬崖坠落下来，
最终流入大海。

哗哗哗！

所有动物和植物离开水都无法存活。

地球上大部分的水都在海里，以咸水的形式存在。

什么动物生活在海里？

海里生活着许多动物，
有的极其微小，有的大得惊人。

有鱼、海龟、海豚、
珊瑚虫，还有螃蟹。

噗噜噜！

噗噜噜！

遥远的北极和南极异常寒冷，
海面上漂浮着巨大的冰山。

你能看到整座冰山吗？

冰山的大部分位于水面以下。

企鹅正在捕鱼。

鲸在捕食磷虾，磷虾是一种很小的生物。

海滨是大海与陆地交会的地方，
在这里，你会看到礁石和沙子。

你看到沙子了吗？

沙滩上全是沙子！

沙子由微小的岩石颗粒组成，
海水把它们冲到岸边。

沙漠是地球上最干燥的地方。

那里极少下雨，

许多沙漠在白天都酷热难耐。

动物们去哪里乘凉了？

沙子底下凉快多了。

这几只跳鼠住在地洞里，
夜间凉快时它们才出门。

挖呀！

挖呀！

草原平坦而辽阔，

只生长着少量的树木。

大象爱吃草，

它们用长长的象鼻把草从地上拔起来。

谁正在盯着大象看？

是一群猫鼬在放哨。

它们必须随时留意周围的动静，
一旦发现危险，
就用叫声相互提醒。

快躲起来！

热带雨林中一年四季都很潮湿，

那里生长着数不清的植物。

我们吃的许多水果都来自热带，

比如香蕉和菠萝。

还有谁爱吃水果？

好吃！

蜘蛛猴爬到高高的树顶上，
那里能摘到好吃的果子。

热带雨林里生活着成千上万种动物。

咔嚓咔嚓！

暴风雨来了。

乌云里含有大量水滴，

大雨哗啦啦地下起来。

你还能在天空中看到什么吗？

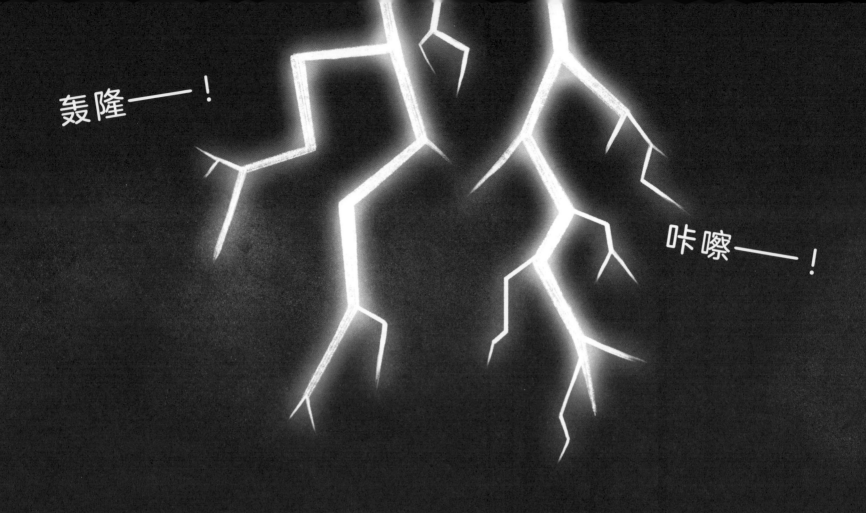

轰隆——！

咔嚓——！

看到一道道闪电。

闪电是天空中的一道电光。

闪电过后常会传来一阵轰隆隆的雷声。

风是由地球表面的空气流动形成的。

它有时是轻柔的微风，有时是猛烈的暴风。

是什么在风中转动呢？

是风力发电机。

风吹动叶片使风轮旋转，带动发电机发电。

世界各地都有人居住，
大多数人生活在小镇和城市中。

大都市繁忙而拥挤。

数一数，这辆列车里有多少人？

有十个人，你数对了吗？

每个人的高矮、胖瘦、年纪都不同。
他们还说着不同的语言。

叽里咕噜！

叽里呱啦！

夜幕降临了。当太阳落山时，

天空变成了红色，云朵变成了橙色。

看一看，云朵后面有什么？

月亮和星星升上了夜空。

流星其实是太空中很小的固体物质，

它们在向地球坠落的途中已经燃烧殆尽。

当黑夜降临到地球的一面，

地球另一面就迎来了新的一天。

在地球上，每一天、每一秒

都有奇妙的事情发生。

明天又会带给我们怎样的惊喜呢？

当然不止这些······

翻越高山，穿过雨林，走过沙漠，漂过海洋，
一起去探索地球的无穷奥秘吧！

高山

地球上最高的山峰是喜马拉雅山脉上的珠穆
朗玛峰，海拔8844.43米。

热带雨林

热带雨林主要分布在热带高温多雨的地区。南美洲的亚马孙热
带雨林是地球上面积最大的热带雨林。

草原

北美洲有北美大陆草原，南美洲有潘帕斯草
原，非洲有稀树草原，欧洲和亚洲有欧亚大
陆草原。

极地

地球最北端和最南端、位于极圈以内的地区称为极地，那里几乎
常年被冰雪覆盖。无论是北极还是南极，都有极昼和极夜现象。

荒漠

地球上有沙质荒漠、岩质荒漠。冰天雪地的南极洲是地球上最大的荒漠。那里实在是太冷了，所以根本不可能下雨，只可能下雪！

海洋

地球上有四大洋，按面积从大到小依次是：太平洋、大西洋、印度洋和北冰洋。

河流

许多河流发源于丘陵或高山，通常来说，河水最终都会注入大海。地球上最长的河流是非洲的尼罗河。

城市

城市里有许多建筑，供人们居住其中。日本东京是世界上最大的城市之一，那里生活着将近1375万居民。

地球

（手电筒看里面科普透视绘本）

著　者：［英］卡伦·布朗
绘　者：［英］韦斯利·罗宾斯
译　者：朱雯霏
出版发行：中信出版集团股份有限公司
　　　　　（北京市朝阳区惠新东街甲4号富盛大厦2座　邮编　100029）
承　印　者：深圳当纳利印刷有限公司

开　本：546mm×808mm　1/12　　印　张：3　　字　数：35千字
版　次：2019 年 5 月第 1 版　　印　次：2020 年 4 月第 18 次印刷
京权图字：01-2019-0116　　　　广告经营许可证：京朝工商广字第8087号
书　　号：ISBN 978-7-5217-0215-6
定　　价：215.00元（全10册）

出　　品：中信儿童书店
图书策划：如果童书
策划编辑：张文佳　　责任编辑：曹红凯　　◇　营销编辑：张远　王馨可
封面设计：刘潇然　　内文排版：王莹